<u>*Les délires d'un Romantique.*</u>

Le désir à la fête.

Miladies

Je vis au gré de belles ladies,
J'ai toujours aimé les aimer.
Je ne pleure que d'être jugé
Et je me ris d'être haïs.

Je me fou de leur incompréhension
Elles peuvent même toutes me détester,
Sur que certaines me savent bon
Alors que d'autres plus con que mes pieds.

Dites leur que je ne suis qu'un homme
Que seules les erreurs ont pardonne,
Je me suis souvent brulé les ailes,
J'ai adoré toutes les aimer.

Même si parfois j'ai sacrifié
J'ai su effacer les regrets
Elles m'ont tout de même fait avancer
Et jamais plus je ne reculerais

Approche.

Belle amie douterais-tu si tout était facile
Que composer ces rimes me serais bien inutile.
J'aimerais te dire parfois que je pense fort à toi
Mais la distance étant je ne peux être franc.

Je rêve souvent de toi, de ce regard bleu-vert
Mais quand je suis tes pas je me mets à couvert.
Quand je t'ai rencontré tu ne m'as pas vraiment plu
Si bel idiot j'étais lorsque nous nous sommes connus.

Aujourd'hui j'aimerais te connaître un peu plus
Mais l'Amour t'a brisé et je ne sais t'aborder.
Je voudrais tant te dire que j'aime tes pensées,
Que je vois dans mes songes les blessures qui te rongent.

Pourtant je n'y arrive, je ne sais lire ton cœur,
Tu as dû l'enterrer pour faire taire tes peurs.
Je ne sais trop quoi dire, je ne suis pas un tombeur,
Quand je te vois partir je sens fuir mon bonheur.

Je préfère donc garder le silence pour l'instant.
Ne pas trop te montrer et ne faire que semblant,
Approcher pas à pas avec des gants blancs
Pour te faire comprendre que tu me plais vraiment..

Affection.

Sens mon souffle en murmure lorsque tu t'endors.
Vis au gré des désirs qui s'étendent sans remord.
Apprécie mes plaisirs avant que l'Amour sonne
Enfin laisse moi partir, il y aurait maldonne.

Entend de par ma voix elle ne veut que te fuir,
Laisse-moi juste le souvenir d'une nuit sans avenir.
Rattrape enfin ce temps, l'aube nous arrêtera,
N'écoute que ton cœur car il ne te ment pas.

Lis entre toutes ces lignes le plaisir n'est qu'un jeu.
Mets à bat l'ironie et les regards hideux.
Vois seulement mon regard où mon désir nous lie
Puis transformons ensemble chaque nuit en une vie.

Prête bien attention à cette ponctuation
Je ne veux rien voler, le plaisir est un don.
Laisse entrer tous ces mots sans apparente raison
Ils naissent d'inspiration, je ne veux qu'affection.

Désire-moi

Le vent caresse ta robe par une journée d'été,
Un sourire se dérobe, le temps s'est arrêté.
Mes mots à ton oreille te comptent tes éclats,
De mon souffle je balaye la courbe de tes bras.

Vois mes doigts naviguer vers le flot de tes hanches
Elles chavirent et se cambrent au gré de nos ententes ;
Sens mes lèvres séduire chacun de tes soupirs,
Mes baisers noient ta peau, tu ne peux plus tenir.

Le désir t'envahi enflammant le décor.
Décris-moi tes envies à la fougue de ton corps
Que mes mains le parcourent à t'en faire rougir
Attisant le plaisir pour t'entendre rugir.

Invite-moi à franchir le seuil du sanctuaire,
Laisse hurler ton désir que le mien s'en imprègne.
Une nuit de passion à durée éternelle
S'offre à nous pour un soir, illuminons ce noir.

Nuit de fête.

Allume-moi tel cette cigarette
Consume-moi, envahie ma tête
Et dans mes bras déhanche-toi,
Sens bien ta douce peau sous mes doigts.

Sois féroce, je t'en pris mord moi
Promis je ne me défendrai pas,
Alors vas y abandonne toi
A cette nuit torride avec moi.

Bien sur, cette vie n'est pas à nous
Profitons juste d'heures sans tabou.
Tes yeux dorés m'ont envouté
Et dans leur vert enjoué j'ai plongé.

Moi le rêveur et toi la joueuse
Aux formes très, très harmonieuses,
Sois la cerise de mon Désir
Sur ce gâteau nommé Plaisir.

Moi doucement j'effeuillerai,
Pour simplement le déguster,
Ce joli dessert enchanté
Que toi tu m'offres en cette soirée.

Ensuite on pourrait continuer,
Des nuits de passion à savourer
Toi et moi dans un lit douillé
Pas besoin de questions pour s'adorer.

Harcèle-moi :

Appelle-moi tous les jours jusqu'à m'en rendre sourd,
Pense à moi chaque seconde en le criant au monde.
Idolâtre mon corps à en suer d'efforts
M'attrapant dans la rue, arrachant mes vêtements
J'adulerais tes ardeurs et ton acharnement.
Apprend-moi tes désirs, tes fantasmes et délires,
Inonde-moi de folie je ne voudrai te fuir.

Inonde-moi de messages jusqu'à tout saturer,
Toujours à tes passages frissonne de m'embrasser.
N'ai pas peur de montrer que tu m'as dans la peau,
Ne reste pas fermée, deviens mon seul fléau.
Déchaîne mes enfers en exprimant tes maux
Je saurai être fier de vivre dans tes mots.

Dis-moi qu'à chaque instant tu brûles de mon absence,
Crie-moi que tu détestes que je sois ton essence
Quand tu vis mes caresses de tes rêves insensés
Déversant la furie d'un amour imparfait,
Si là est ta façon de ne pas tomber au sol
Je boirais volontiers chacune de tes paroles.
Hurle-moi : « Embrasse-moi, j'ai trop envie de toi ! »
Puis décime mes défenses. J'en vacille déjà.

Donne le pire de ton être jusqu'à croire en ma haine
Que je saigne unes à unes les peines qui t'imprègnent.

Partage.

Jamais je n'oublierai cette magnifique journée,
Comment le pourrai-je donc de cette douce nuit?
Plus que ravi je suis d'avoir vu ce sourire,
Tellement il m'aveuglait je n'écoutais ton rire.
Ton regard enivrant a suspendu mon temps
Et séduire j'ai tenté pour partager le tien.
Je ne sais quelle magie, l'Amour, la Vie, le Destin
A figé ces instants pour un très long moment.

Profitons l'un de l'autre puisque nous le pouvons.
Oublions l'avenir, il arrivera trop tôt.
Inventons des plaisirs rien qu'à nous, partageons
Une tendresse profonde sans mauvais jeu de maux.

Toi tu préfères offrir moi j'adore recevoir,
Faire naître le désir puis dans vos yeux le lire.
Mon cœur n'est plus à prendre, j'aimerais te revoir,
Mes pensées sont moins noires pendant que je t'admire.
Ne gâchons pas cette vie, tuons un peu le temps,
Durant ces heures magiques existons simplement.
Côtoyons un instant avant que fil les jours
Cette frontière qui distingue le Plaisir de l'Amour.

Profitons l'un de l'autre tant que nous le pouvons.
Oublions l'avenir, demain arrive bientôt.
Inventons des plaisirs rien qu'à nous, partageons
Les désirs de Tendresse sans Amour dans nos mots.

De folie douce...

Elle.

J'ai trop souvent rêvé sans jamais la connaître
De cette âme parmi cent qui me fera renaître.
Je ne peux la trouver, je ne sais où chercher
Mais au fond de moi je sens qu'elle s'approche doucement.

A Elle que je ne connais pas, que j'attends depuis longtemps,
Je vais écrire maintenant ce que je ne pourrai dire
Quand elle sera devant moi, que je ne pourrai plus fuir.

Connaissant le pardon, acceptant mes défauts
Toi cette fille sans nom calmera mon ego.
Tu soulageras mes maux, tu soulageras mes peines
Et seulement par tes mots tu effaceras mes haines.

Tirant de mon passé des leçons avisées
J'essaierai tant bien que mal de vraiment te combler.
Quand je ferai couler tes larmes tu m'en voudras surement
Mais saches que ces moments seront pour moi désarmant.

Si un jour tu me sens fuir évites de te détruire
Ton visage, ton sourire apaiseront mes délires.
Décryptes mon langage si j'en suis incapable,
Mon cœur est dur à suivre, ne t'en rend pas coupable.

Par peur de ce bonheur que tu pourrais m'offrir
Je testerai ton cœur avant de trop m'ouvrir.
Ne me tiens pas rigueur de ces actes aberrants
Pour bannir ma rancœur il me faudra du temps.

Ce moment attendu arrivera en son heure
Quand blotti dans tes bras j'oublierai mes malheurs
Je comprendrais enfin que toutes ces douleurs
Auxquelles j'ai survécu valaient bien tous ces pleurs.

Jolie Toi.

Je rêve de te toucher, de sentir ta douce peau,
De faire naître tes rires et d'effacer tes maux.
La vie est imparfaite mais j'aimerais te dire
Que tu as fait renaître mon plus doux sourire.

Je rêve de te regarder toutes les nuits t'endormir,
De combattre sans cesse les démons qui t'enivrent.
La vie est ainsi faite mes désirs sont lointains,
Tu restes pour l'instant un avenir incertain.

Si tu n'oses pas que tu as peur,
Que tu me penses un peu menteur,
Dévoile ton cœur et tu verras
Aucune frayeur n'a fin de moi.

Je te rêve chaque soir empruntant mille chemins
Tu ravives l'espoir auquel d'autres ont mis fin,
N'ai pas peur de l'histoire, je te rêve sans fin,
Et goûtes ma folie tu ne regretteras rien.

Chaque jour passant je rêve de tes bras,
A chacun de mes rêves je frissonne à ta voix,
Je ne suis pas un prince mais loin d'être de bois
Je t'offrirais mon âme si tu veux bien de moi.

Si tu n'oses pas que je te fais peur,
Que tu me penses trop charmeur,
Accepte mon cœur et tu verras
Toutes mes ardeurs seront pour toi.

Nouvel horizon.

Puisque nos âmes traversent les âges
Je voudrai tant comprendre pourquoi
Cette vie n'est faite que d'orages
Alors qu'en mon cœur ne résonne que ta voix.

Si de patience il faut faire preuve
Pour surmonter autant de ces épreuves
Sache que ta seule beauté me donne
Le courage nécessaire pour qu'à toi je m'adonne.
En te faisant briller je saurais m'enivrer,
Planer tel un nuage au gré des vents d'été,
Je vivrai des messages que ton cœur m'enverra
Obstruant le passage au démon qui me noie.

Puisque nos âmes traversent les âges
Je voudrais tant comprendre pourquoi
Cette vie me retient en otage
Tandis que mon cœur n'appartient qu'à toi.

Si volontiers je m'abandonne
Au clairon de cet amour qui sonne
J'aimerais que tu nous pardonne
Cette distance qui me déraisonne.
Mon ange, je me hais depuis bien trop d'années
Mais comprends finalement que mes défaites passées
Ne furent que des escales pour enfin te trouver,
Jusqu'à ton arrivée je vibrais de regrets.

Et si nos âmes traversent les âges
Je voudrais tant savoir pourquoi
Cette vie ne fut que carnages
Pour simplement devenir ton roi.

Toutes ces étapes que j'ai franchi
N'ont su nourrir que mon mépris
Aujourd'hui je crois bien comprendre,
Sans ces malheurs je ne saurais t'apprendre.
Bien plus qu'une évidence en mon être tu danses.
Peu à peu chaque doute s'estompe pour la confiance,
Même si Démon persiste à noircir ce bonheur
Je te promets mon Ange je tuerai toutes ses peurs.

Distance

Jamais il n'aurait pu penser
Qu'une telle chose arriverait
Mais au hasard d'une rencontre
Il prit conscience, se rendit compte.
Des sentiments ne voulant rien dire
Face à l'écran ne cessant de rire
Même s'il ne savait que trop bien :
Cette âme sœur était trop loin.

De toutes celles qu'il put croiser
Ce fut la seule qu'il désirait,
Elle le comprenait mieux que celles
Qu'il avait aimé avant elle.
Qui aurait cru par cette distance
Que leurs âmes suivraient cette cadence,
Quand son sourire la faisait vivre
Ou quand sa voix le rendait ivre.

Il fut un temps où dans son lit
Passé bien trop de filles ahuries
Mais à l'instant désirant plus
Elle lui offrait ce grand bonus.
Même si au fond il savait bien
Que cette histoire se mêlerait de chagrin,
Tous les soirs il voulait la voir
Son image lui donnant de l'espoir.

Délivrance.

Il est tant d'hommes sans cœur qui ne croient au bonheur,
Qui ne voient que les corps sans se soucier des cœurs.
L'histoire qui est contée nous expose les malheurs
D'un homme bien certain d'avoir trouvé l'âme sœur.

Elle paraît si fragile sous ses airs invincibles
Se sachant trop sensible elle s'en pense pénible.
Lui, aime à la regarder mais ne veut la brusquer,
Il la rêve sans arrêt jusqu'à s'en détester.

Elle disparaît souvent comme elle est apparue
L'attirant à sa guise dans un monde inconnu.
Il ne sait comment faire pour prétendre lui plaire
Tant d'autres la convoite, il ne veut plus se taire.

Pensant leurs âmes liées il ne sait lui avouer
Puisque l'amour ne sonne qu'à ceux qui se pardonnent
De n'être que ce qu'ils sont sans chercher les raisons
Pour lesquelles la passion résonne de déraison.

Aucune ne la surpasse, il vit de son image,
De ses yeux chaque instant il dessine son visage.
D'autres savent le tenter mais elle reste la seule
Qui parsème de glaïeul son cœur désenchanté.

Depuis la nuit des temps elle est son seul supplice,
Toujours quand vient la nuit il rêve ses délices.
Le galbe de son corps pour prix de ses efforts
Bien plus qu'une récompense serait une délivrance.

Lune.

S'achève le jour pour les ténèbres
La nuit s'inonde de nos rêves,
A la lueur de ton reflet
Le noir se tait, l'espoir renaît.
De mes insomnies je te veille
Tant la beauté n'a de pareil,
Ta lumière me tient en éveil
Lorsque son doux visage tu révèles.

Insaisissable pour le moment
Irremplaçables restent nos instants,
Tout comme toi belle et rayonnante
M'attendra-t-elle que je l'enchante ?
Noirceur d'un cœur meurtri d'erreurs
S'éclaire atténuant toute rancœur,
Elle illumine mes folles pensées
Tel un soleil de plein été.

Lune lointaine entend ces maux
Toi seul comprends la déraison,
L'amour se joue de ma raison
Mes pensées ivres de ses mots.
De mon monde elle est seule merveille,
De mes nuits la lueur qui s'élève,
A chaque seconde elle m'émerveille
J'en rêve mes peurs pour qu'elles s'achèvent.

Songe ravageur.

C'était un rêve ensoleillé
Où allongé à ses côtés
Une nuit si chaudement étoilée
Je me baignais de ses baisers.

Bercé d'amour le cœur léger
Nous partagions tant de dangers
Sans plus d'effroi que de regrets
Créant ensemble un monde parfait.

Sous les caresses de mon aimée
Ange en vision apparaissait,
Je m'adorais à tant l'aimer
Par mes laideurs qui s'effaçaient.

D'ardeur de cœur ce rêve est né
Désignant peurs à oublier,
Songe guérisseur de nuits d'été,
Peut être âme sœur se laisse trouver.

Aveuglé.

Voyez comme il se tue à haïr son aimée.
Voyez-vous qu'il se hait de l'aimer à se tuer?
Avouer son amour, il ne sait s'y tenter
Mais voudrait essayer puisqu'il aime une fée.

L'entendez vous parler de cet être parfait,
La hurler de son âme pour atténuer ses plaies?
L'écoutez-vous chanter lors des journées d'été
Lorsqu'il est déprimé, seul, loin de sa beauté?

Il m'a dit l'heure passée qu'il aimerait se lier
Dans une éternité à cette âme dorée
Si seulement l'amour il savait décrypter.
Je ne sus trop quoi dire, je fus déconcerté.

Ne réfléchissez pas, je lui ai répondu.
"Apprenez-vous par cœur tant que vous le pourrez,
Goûtez toutes les saveurs de vos âmes tourmentées,
Faites preuve de patience, méritez vos confiances."

...à folie dure.

A chasseur courageux cœur défectueux.

S'attendre au pire sans tuer l'espoir
Tel est l'esprit du jeune ermite
Au cœur vaillant bien que fragile
Dont les pensées s'inondent de noir,
Jugeant qu'amour il ne mérite
Il n'ose rêver de son idylle.

En espérant sa belle princesse
Il s'emmure dans son vieux donjon
Pour y attendre l'ultime issue
De cette histoire dont la faiblesse
D'éviter toute confrontation
Né de l'écho des cœurs déçus.

Comment font donc ces chevaliers
Qui sans effroi savent séduire?
Chasser le loup sous la pleine lune
Ou l'ours grincheux les jours d'été
L'angoissait moins que de s'ouvrir
A celle qu'il aime, même par la plume.

Pourtant si sur depuis toujours
Que merveille serait leur union
Ce fou ne sort de son ennui
Noyé de noir malgré le jour.
Il se garde d'avouer sa passion
Craignant être homme que l'on fuit.

Lors de ses longues nuits d'insomnie
Il part tuer viles entités
Pour oublier son impuissance
Face à la seule femme de sa vie
Qu'il saurait tant émerveiller
S'il osait offrir confiance.

Reste.

Crois-tu réellement que je me fiche de toi ?
Si vraiment c'est le cas j'aimerais le comprendre
Mais avant cela écoute ce que j'ai à t'apprendre.

Je t'ai aimé si fort, peut être bien à tord,
Que le nord j'ai perdu, trop pris au dépourvu.
Si ton amour est mort pour moi n'ai de remords
Je resterais alors une étape vers ton sort.

Je regretterais sûrement ton départ très longtemps
Avec toi j'ai passé de trop précieux moments.
Pour un plus grand bonheur j'épargnerais ton cœur,
Je le rendrais intacte pour t'éviter des pleurs.

Tu as toujours brillé, dès que je t'ai rencontré,
Puis tu m'as fait entendre les battements d'un cœur
Qui pendant trop d'années n'a vécu que de peurs.

Tes grands yeux m'ont offert tout ce qu'il me fallait
Et j'avoue même un peu en avoir profité.
En ressentant ta peine j'ai voulu l'effacer
Comprenant bien dès lors tout ce que je risquais.

Aujourd'hui tu me dis que tu désires partir,
A quoi bon se mentir cela nous ferai souffrir.
Je ne peux te retenir si tu penses t'épanouir
Mais je t'interdis de dire que je peux te haïr.

Infidèle.

Suite sans fin, sans aucun frein,
Une descente vers le destin
Se terminant par le déclin
Du chagrin qui parsème tant de mauvais chemins.

Trop de questions se voient posées
Lorsque l'amour va s'estomper,
Puis s'ouvrent les yeux de la raison
Obscurcis par un cœur résigné
A détrôner les pensées où s'immiscent les idées
D'impitoyable trahison.

Une fois séduit la haine l'emporte,
Peu de personnes ne la supportent,
L'amour traduit ses vérités :
Qui cru aimer a su tromper.

Oubliant les dangers d'une si grande imposture
L'infidèle se voue à foudroyer les cœurs,
A défaut de confiance il sème la douleur
Et l'amour n'est obscur qu'à celui qui l'endure.
Le mensonge à jamais ne peut rester enfoui
De sa révélation ne se suit que mépris.

Désillusion.

Amour sans cœur, Amour sans âme,
Tes douleurs relèvent de l'infâme.
Souvent rêvé mais peu connu
J'aimerais tellement te mettre à nu,
Beaucoup croisé tant méconnu,
Soit rejeté, soit retenu
Tu sais toujours faire vivre les cœurs
Dans la Noblesse ou le Malheur.

Quand égoïstement apprécié
Tu te transforme en feu follet,
Ton départ laisse dans les miroirs
Le reflet noir du désespoir.
Nous nous sommes bien souvent côtoyés
Mais à chaque fin je fus blessé,
Aujourd'hui je l'ai bien compris :
« L'amour revient avec l'oubli. »

De tes miroirs je n'ai gardé
Que les lueurs qui survivaient
Et j'ai brisé cette noirceur
Pour égayer enfin mon cœur.
Je sais qu'un jour je te reverrai
Et jusque là je te rêverai
Car je suis sur qu'avec le temps
Tu révèleras tes sentiments.

Dépendances inutiles.

*Lorsque la main tremblante recherche un soulagement
En rassasiant le corps de n'importe quel calmant,
Lorsque le vil démon hurle de l'intérieur
L'égo en aversion, berçant l'âme de néant,
Dépendance fait offense même au meilleur des cœurs.*

*De l'agonie au manque qui se voit rebondir
Sur l'effet stupéfiant des images effrayantes
D'une paranoïa aux allures décadentes
Qui se mêle au dégoût d'une vie à languir,
Le fou fort démuni ne pense qu'à se détruire.*

*Oubliant tout espoir il cherche délivrance
En décuplant sa rage plongé dans ses substances
Sans penser un instant que faire preuve de courage
Est le meilleur départ d'une vie détachée
Des peurs insensées auxquelles il se croit lié.*

*Parfois il sauve sa tête mais le cœur vacille.
Quel serait le remède à cet acte stupide
Qui inflige à son âme une overdose de vide ?
Où retrouver la force de croire un cœur déchu
Quand, par désolation, la drogue l'a mis à nu ?*

*Affronter les souffrances qui ne s'oublient jamais,
Confronter la folie à ses étranges pensées
Afin de mieux comprendre comment s'en protéger
Devrait être le moyen pour l'âme en servitude
De se sortir enfin d'une vie de solitude.*

Le poète amoureux.

Ces rimes reflètent les illusions
D'un poète débordant de passion,
Bercé d'amour et de raison
Il en oublie jusqu'à son nom.

« Si de t'aimer je n'ai le droit
J'accepterai mon désarroi,
Je reste là, j'entends ta voix
Me suppliant d'avoir le choix.
Tes doutes crois-moi je les comprend,
Les miens sont nés il y a longtemps,
J'aurais bien pu tous les détruire
Si tu ne m'empêchais d'agir.

Entend les cris que je t'envoie,
Les sentiments n'ont pas de voix,
Je te ressens au fond de moi
Comblant ce vide rempli d'effroi.
J'ai su bannir tous mes pleurs
Sans pour autant faire taire mes peurs,
Pour toi j'entends chanter mon cœur
Mille promesses de bonheur.

De tous les maux que j'ai pu ressentir
Aucun n'a su m'anéantir,
Quels sont les mots que je dois écrire
Pour à jamais te retenir ?
J'ai bien saisi toutes tes peurs,
Je les ai connu à mes heures,
Elles deviendront mon doux calvaire
Où sans amour renaît l'enfer.

*Mon ange je ne veux te voir partir
Ne sachant pas ce que je vais devenir,
Si mon amour je dois haïr
Je préfère vivre de mes délires.
A vouloir croire mes illusions
Je me suis perdu dans ma passion.
Je ne sais quoi dire, vas-tu t'enfuir ?
Part mon Aimée, vis tes désirs.*

*Il y a tant de vers où j'ai su le transcrire
Cet amour aveuglant que je dois contenir,
Je jure que nos folies nous auraient fait grandir
Si ton cœur, grâce au mien, s'était vu rebondir.* »

Le goujat raisonnable.

Voici l'histoire d'un homme assurément coupable
De n'être devenu qu'un être détestable,
Capable de si grandes choses en se donnant du mal
Il ne fit plus d'efforts à croire l'amour banal.
En ayant cultivé une écœurante fierté
Et détruisit les cœurs qui de lui s'éprenaient.

A plusieurs reprises il su s'abandonner,
De ces échecs naquis sa culpabilité.
De ses fuites incessantes tant de pleurs coulèrent
Quand ses yeux malgré-lui transcrivaient la colère
De son cœur enchaîné par la peur de montrer
A ces âmes chéries qu'il savait tant donner.

Assuré que malheur il devait mériter,
Il se ferma au monde pour ne plus faire pleurer.
Etait-ce la solution d'écouter ses démons ?
N'offrir qu'amitié sans partager frissons
Fut le choix du goujat guidé par la raison
Conscient que simple amour il ne pouvait faire don.

Puis il rencontra celle qui su lui rappeler
Que la vie émerveille les amoureux à souhait.
Il comprit un beau jour, par hasard ou par chance,
Que vivre son idylle sans peur des conséquences
Reste le seul avenir des hommes aux consciences
Qui hurlent mécontentement lorsqu'ils infligent souffrances.

S'enfuit l'amour...

Rupture.

Même quand je parle en vers tu me comprends à l'envers,
Dois-je donc dire le contraire? Parler à mots couverts?
Ah voila, tu t'en vas, tu ne m'écoutes même pas
Reste donc avec moi je ne suis pas qui tu crois.

Entend ma vérité je n'ai rien à cacher
Mais attention tout de même je risque de te faire pleurer.
Comme ça tu crois m'aimer? Arrête de me harceler
J'ai juste déterré l'Amour que tu cachais.

Traite-moi de *alop tu n'atteins mon égo,
Je sais très bien ce qu'il vaut et ce n'est pas très beau.
Certes j'ai su t'écouter, j'ai même su te parler
Et alors est-ce un crime de chasser ta déprime?

Tu dis que je ne veux plus de toi alors désertes-moi,
Si je te rends malheureuse c'est ma tombe que je creuse.
Pose-moi toutes tes questions et nous y répondront
Cela ne te plaira pas, je ne mentirais pas...

Tu penses que tu ne me plais pas, je dirais que tu ne me plais plus.
J'en connais un peu plus et ça ne me plais pas.
J'avais dis que tu pleurerais et j'en suis désolé
Mais je ne veux t'offrir l'amour que tu désires.

Tu pourrais bien hurler ça ne me dérangerais pas!
Je ne saurais t'entendre, je ne comprendrais même pas.
S'il te plaît comprend-moi je ne vais pas m'agenouiller,
Par ma sincérité j'essaie de t'épargner.

Frangine.

Oh Frangine,
T'as vraiment cru qu'un type comme ça était pour toi?
S'il est sympa au premier regard c'est un salop ou un fêtard,
Le second est bon mais le premier n'est qu'un *on.

Eh Frangine,
Pourquoi t'as pas plutôt choisi de réfléchir ?
C'est bête à dire mais je t'assure cela fais plaisir.
Ai pitié de lui un mec comme ça ne te mérites pas
Il finira bien trop seul dans ses draps.

Ma Frangine,
C'est terminé mais tu n'as pas que tes yeux pour pleurer.
Écoute-moi bien je vais te rappeler une petite vérité
Les mecs ça va, les mecs ça vient, un mec c'est *on.
L'Amour ça vient, l'Amour ça va, l'Amour nous fond
Lorsqu'on le voit il adore s'échapper.

Petite Frangine,
Il n'y a pas cents choses que j'ai apprise dans cette chienne de vie
J'étais comme lui il y a quelques temps mais rendu je me suis.
Il n'y a qu'une seule choses que tu dois savoir à mon avis,
L'amour d'un homme ce n'est pas toi qui le choisi.

Miss.

Ne refoule pas tes peurs, ne refoule pas tes haines,
Entend chanter ton cœur au risque de te perdre.
Moque-toi de leurs moqueries, de leurs airs ahuris,
Ne t'occupe pas de leur vie ils te jalousent la tienne.

Trace ton propre destin ce chemin t'appartiens.
Évite tous ces machos, ces imbéciles profonds
Qui n'aiment que leur égo, ton cœur ils détruiront ;
Quand tu les aimeras fort sans remords ils fuiront.

Un jour arrivera cet homme qui t'aimera
A ta juste valeur et gommera tes peurs.
Viendra le moment où ton cœur chantera
Pour cet amant vertueux vivant pour ton bonheur.

Ne pensent pas à tes tords, tu vaux mieux que ces porcs
Qui ne cherchent dans tes yeux qu'un reflet moins hideux.
Pour arriver à lui il te faut avancer,
Si simple quand je l'écris mais tellement compliqué.

Jusque là, je le sais, tu fus bien trop déçue
Par ces amours déchus auxquels tu as tant cru,
Oublie donc ce passé, n'ai jamais de regrets,
Chasse-moi ces questions et ferme enfin tes plaies.

Point de vue.

Chère ange tu ne peux dire
Que ta vie est finie pour un pauvre démon qui te laisse démunie
L'Amour sait nous tromper quand on le croit acquis
Mais ce n'est une raison pour lui en vouloir à vie.

Réfléchi y un peu,
Au début tu y crois et tout est merveilleux
Puis au fil du temps tu trouves ça ennuyeux
Alors tu l'abandonnes pour trouver mieux.
Tu le côtoies plusieurs fois mais tout le temps il s'en va
Puis tu ne veux plus le revoir et né le désespoir.

Ta tête est en bazar, tu ne veux plus rien croire
Pour qu'un jour par hasard tu tombes sur ton histoire.
A ce moment dis toi bien que l'Amour n'a pas de freins,
Que celui qui t'attends n'aura plus peur de rien.
Impatience, cris ou larmes il supportera très bien
Il comprendra tes maux car un temps ils furent siens.

Mon ange je les connais
Ces angoisses douloureuses jouant avec nos plaies :
Ces questions sur questions sans réponse avérée
Qui nous font mal douter sur tellement de sujets.

Mais ne t'inquiètes pas trop la roue tourne bien rond,
Le temps te prouvera que j'avais bien raison.
S'il me fait mentir, fais preuve de claire-voyance
L'Amour ne peut s'enfuir que si tu ne crois sa danse.

Sorcière.

Après quatre ans d'amour elle préfère s'en aller,
C'est elle qui l'a choisi pensant que tu le méritais.
Cela fait six mois maintenant que tu n'arrêtes pas de pleurer
Pourtant tu vaux mieux que ça mais les femmes font changer.

Aujourd'hui tu m'as dit : « C'est la femme de ma vie. »
Une larme coulant de tes yeux sur ton visage tout gris.
Les doutes et les questions qui te hantent toutes les nuits
Sans que tu puisses y répondre, sans trouver de répits.

Tu crois t'être trompé mais c'est elle qui l'a fait,
Elle a trahi ton cœur sans avoir de regrets.
Crois-tu qu'une chose pareil tu peux lui pardonner
Alors que dans le temps elle a su le faire durer ?

Tu lui as tout montré, tu lui as tant donné
Et tout ce qu'elle a su faire c'est te désarçonner.
Je ne sais trop quoi dire pour t'aider à remonter;
Juste que cette sorcière se doit d'être oubliée.

Durant toutes ces années elle a su t'envoûter,
En voulant trop y croire l'Amour t'a aveuglé.
Tu trouveras un jour celle qui te fera vibrer
En attendant oubli que celle-ci t'a brisé.

Cela fait six mois maintenant que tu vis à perdre ton temps
Pour celle qui t'a trahi lorsque tu l'aimais tant.
Après quatre ans d'amour laisse-la donc s'en aller
Chasse-la de ton esprit, reviens, sort de ta nuit.

Parlons...

De fraîches demoiselles qui par recherche d'elle-même
Se permettent de détruire leurs amoureux transis.
Certaines quémandent l'amour pour se voir aduler
En mentant ardemment à leurs fidèles amants
Qui, s'ils furent crédules, se meurent de désarroi
Lorsqu'elles se lassent enfin de se jouer de leur foi.
Qu'importent tous ces hommes ? Elles se sentent si seules,
Uniquement leur personne ne compte pour ces folles.

D'autres ternissent les cœurs cherchant à vérifier
Si leur prince n'est que leurre ou simple vérité.
Plutôt que de parler elles préfèrent se tester
Pourtant déjà conscientes que réponse est trouvée.
Fainéantise mentale elles décident d'employer
Lorsqu'elles avouent leur geste sans culpabilité
Prônant indépendance en nous couvrant d'offenses
Avec tant de fierté à hurler leur méfait.

Il y a quelques menteuses qui feignent leurs baisers
Pour se voir bien aimer et moins se détester,
A défaut de comprendre mieux vaut les oublier,
Sans savoir ce qu'elles cherchent, sures de ce qu'elles ne veulent
Elles décimeront vos cœurs à trop haïr les leurs.
Leur instabilité se doit d'être acceptée
Elles ne peuvent que leurrer, perdues dans leurs pensées,
Les douces apparences des amours insensés.

Le mépris est une force dont il ne faut user
A connaître leurs secrets on se hait d'aimer,
On croit devenir fou en vivant l'insomnie
Piégé par l'enchantement de ces jolies furies.
A boire leurs paroles, si sur d'être conquis,
L'amour se fait haïr tant par peur que dépit.
Faisons fi des souffrances qu'elles répandent sans répit
La vie ne trouve son sens qu'à cœur libéré.

...pour désespoir.

Imperfection.

Puisque l'Amour est imparfait,
Vivons ce jour comme un toujours
Et partons vers le lendemain
Comme nous le faisions au quotidien.

Il fut un temps où tu m'aimais
Ce soir tu préfères me laisser
N'ai crainte je me relèverai
Lorsqu'enfin je t'aurai oublié.

Pendant un temps je me dégouterai
Et dans un autre je te haïrai
Mais l'important ce n'est pas le passé,
C'est la seule chose qu'on ne peut changer.

Utopie

Les larmes coulent aujourd'hui sur un visage si laid,
Des douleurs qui s'écoulent par des yeux délavés,
Certaines idées vadrouillent en tête de l'homme brisé,
Jamais pareil noirceur miroir n'a reflété.

Quelques rêves s'effondrent car ils n'avaient lieu d'être,
Grondent les maux de honte rappelant le mal-être
D'un cœur qui de fonte aurait préféré être.
Cet être se détruit sans vouloir se l'admettre.

L'amour n'est qu'utopie pourtant cet homme le croit,
Elle a su le séduire, il s'en hait de surcroît.
L'amour n'est plus qu'un jeu sans aucune règle ni loi,
Certains veulent le comprendre quand tant d'autres le côtoient.

Pouvoir être soi-même reste la règle d'or,
Parfois on s'intéresse, jouant avec le sort,
Dévoilant nos faiblesse jusqu'à bannir nos tords
Puis revient la détresse, l'amour devient remord.

Les larmes coulent encore sur ce visage figé,
Des douleurs qui s'écoulent de mes yeux délavés,
Certaines idées vadrouillent me promettant d'aimer
Mais reste la pâleur de l'utopie brisée.

Insomnies.

Quand un choix se présente on ne peut s'en dérober
Trop de doutes, de questions, l'esprit est débordé,
Il n'y a mille façons de s'en débarrasser.
L'amour est important, déchaîne tant de tourments
Chemin de destinée, égo démesuré
Savoir trouver son camp est loin d'être évident.

Envisager le pire à se voir trop séduit
Amène à réfléchir enivré de mépris,
Sachant qu'à trop aimer risque est grand de souffrir
Pouvoir se détacher reste bien apprécié.
Pourtant qu'est donc une vie à ne jamais s'ouvrir ?
Une confiance aveuglée ne peut-elle pas suffire ?

Parfois vivre l'attente devient une évidence
Nourri par l'espérance de la reconnaissance,
Une passion si ardente inhibe quelque souffrance
Jusqu'à en oublier qu'il vaut mieux partager.
Pourquoi se persuader d'aimer dans l'ignorance
Lorsque plane le danger d'une triste vie d'errance ?

Préférer l'amitié à l'amour menaçant,
Forger prison dorée à un cœur trop bruyant
Rien que pour savourer une poignée d'instants
N'est qu'une solution dictée par la raison.
S'abandonner à l'autre n'est-il pas nécessaire ?
N'est-ce pas de ce courage que l'on doit être fier ?

Et vous ma tendre amie, qu'allez-vous décider ?
N'étant qu'un pauvre fou vos choix pour me guider,
Croyant vous reconnaître je reste désarmé
Espérant un bonheur nappé d'hostilités.
Comprendrez-vous la vie par votre cœur tourmenté
Ou vivrons-nous l'amour bannissant tous regrets ?

Détestable solitude.

Aucun n'est adepte de solitude,
Certains pourtant s'y accrochent
N'écoutant que leur cœur souvent désabusé.
Effrayés par la guérison ils se ferment à l'horizon
Les yeux braqués sur les visions des malheurs du passé.
Guidé par des leçons tirées de leurs douleurs
Ils savent que trop s'ouvrir amène à se meurtrir.

Toutes ces anciennes souffrances s'accrochent aux sentiments
Lorsque, insupportables, ils reprennent les devants,
Prenons donc du recul pour comprendre leur tenant.
Quand peine se voit bannir elle hurle sur le cœur,
Nous dépendons de lui sans vouloir se l'admettre
Et s'il veut s'ouvrir il ne trouve que barrières
Si solidement dressées en des temps détestables.

Plus scintille son éclat plus les blessures nous brûlent,
Des questions se présentent, les doutes les compensent
Faisons preuve de bon sens en cherchant les réponses.
Prenons notre revanche sur autant de souffrance,
Si l'histoire nous importe se déchaîne les défenses.
Sortons de solitude, à deux pour l'altitude
S'aidant chacun son tour à élever nos avenirs.

Paranoïa.

Visions malsaines d'un cœur léger
Au désir fort de tuer regret.
Trop aveuglé d'images horribles
Malmenant flammes d'amour torride,
Tel est l'esprit du mal d'aimer.

Dépourvue d'assurance pour bannir souffrance
L'amoureux cri faiblesse en ne prouvant confiance.
Le souvenir douloureux de déchirures passées
Imprègne l'âme en peine ternissant le reflet
D'affectueux délices auxquels se mêlent supplices.

Absurdes affirmations naissent de complications,
Le malheureux ne voit que ses hideux penchants
Sans comprendre un instant ce que son ange ressent.
Décadence d'un esprit voué à écouter
La voix de la méfiance plutôt que de louer
Celle qui se meurt d'ennui et d'incompréhension
En attendant ce fou transpirant déraison.

Bien lentement né l'abandon
Lorsque remord devient atroce,
Défenses de cœur s'en montrent féroces
A s'inonder de la fraîcheur
Du condamné aux milles erreurs,
Conscient d'amour plus que raison
Il désinhibe trop de passions.

Ne reviens plus :

*Je te hais, je te déteste
Aime-moi comme je te hais ce jour
Afin que je te garde pour l'éternité.
Cette improbable attirance est née de mon ignorance,
L'amour en mon âme danse attisant la confiance
Pour que ma connaissance grandissante conduise ma déchéance.*

*Je ne peux t'en vouloir mais je dois te chasser
Pourtant, l'ayant promis, je ne peux t'oublier.
N'étant pas ton Parfait je préfère m'effacer
De peur que mon cœur brave encore d'autres douleurs.
Saches bien qu'à jamais je t'aurais adulé
Si seulement, mon Ange, je t'avais enchanté.*

Appréhension.

La noirceur de ses plaies recouvrant les couleurs de ses pensées
Il voulait s'évader, oublier, évoluer.
Il cherchait à détruire ces douleurs affamées
Sans savoir les guérir, elles le tétanisaient.

Il se crut bien comblé par tant d'histoires trop noires
Mais à trop s'accrocher toujours il s'écorchait
Ne voyant que par lui sans chercher à savoir
Si tous ses sentiments étaient bien partagés.

A l'aube de ses vingt ans l'amour se présenta
Croyant l'avoir trouvé il se rempli de joie,
Tellement son cœur aimé il vola en éclat
Lorsque deux ans plus tard cette histoire s'arrêta.

Les années ont passé et l'amour trépassait,
Sans vraiment le chercher souvent il le croisait
Mais il n'y croyait plus le pensant détraqué
Plus ils se côtoyaient, plus son cœur s'abimait.

A force d'être enchanté par de trop belles chimères,
De s'accrocher sans cesse à différentes galères
Il comprit finalement que tout ce qui lui était chère
Arriverait en son temps car l'amour va de paire.

Il su se pardonner de ses échecs passés
Sachant pertinemment qu'il s'était emporté,
S'autorisant enfin à s'avouer ses faiblesses
Il prit quelques répits bannissant les caresses.

*Des questions engendrées par tant de déceptions,
Trop de manque de confiance parsemé d'élégance,
Une solitude intense naissant d'anciennes offenses
L'ont conduit à s'apprendre pour enfin se comprendre.*

Un espoir dans l'histoire.

Le poète déchiré se heurtant au dégoût
D'un égo assoiffé de trop mauvaises pensées
Déteste ses écrits, déchante d'être fou,
Essaie d'hurler ses maux sans pouvoir se vider.

Les idées à l'envers il perd ses illusions,
Les vers s'entrecroisent tuant l'inspiration,
Lorsque sur sa détresse il ne sait mettre mot
Il s'isole du reste pour comprendre ce fléau.

Vibrant par ces douleurs depuis bien trop d'années,
Déchainant ses ardeurs sur quelques âmes damnées
Il tente de libérer son esprit enchainé
Par un cœur qui se meurt de tant d'atrocités.

Vivant de cette noirceur il ne sait s'apprécier,
Trop de démons ancrés qu'il ne peut contrôler
Le pousse à se haïr de ne savoir aimer
Pour détruire un égo tant de fois désarmé.

Mais il reste poète, l'espoir est à la fête.
Ces démons entêtés qui envahissent sa tête
Goûteront au désespoir d'une fulgurante défaite
Lorsque l'Amour enfin jouera les trouble-fêtes.

<u>Violence d'esprit.</u>
~ *Confusion.*

Haine

Aux apparences parfois trompeuses,
D'une simplicité hideuse
Elle n'apparait pas par hasard,
Elle ne née que de désespoir.

Jumelle d'Amour elle nous consume
Sans respecter nos cœurs qui brulent
Mais à trop vouloir l'apprécier
Elle se tisse une toile d'acier.

Elle se nourrit de nos parts sombres,
Elle sait attendre tapie dans l'ombre
Pour exposer ses vérités
Enclin de tant de vulgarité.

Si la faire taire n'est pas facile
Il faut se dire qu'elle n'est utile
Car elle nous fait nous détester,
Empêche nos plaies de cicatriser.

On croit la savoir contagieuse
Mais après tout ce n'est qu'une joueuse
Prenant plaisir à nous détruire,
Poussant les autres à nous haïr.

Se complaisant de tous ses leurres
On apprend à sécher nos pleures
Alors que l'on sait en vérité
Que du bonheur elle n'est la clef.

La Roukine.

J'ai un pote ce n'est pas un bâtard
Le problème c'est son côté noir,
Ce mec a eu pas mal de vies
Il a plein de potes mais qu'une amie.

Toujours présente quand il revient
Elle l'attend sagement dans un coin,
A chaque déboire il va la voir
Pour 'dessoiffer' son désespoir.

Il la démonte un peu chaque jour
Elle, elle se vide, lui il est plein !
Le soir venu il en fait le tour
Il lui dit tout, elle ne rend rien.

Je lui dis : "Tu veux un bon conseil ?
Lâche-moi dont cette bouteille,
Elle va te détruire cette rouquine
Mais n'effacera pas ta déprime !"

Il la débouche quand même le soir
Et la bestiole plante son dard
Le côté Bau se fait avoir
Pour laisser place à ce vieux Bar.

Mythe de l'aigle orgueilleux.

L'aigle aux serres aiguisées sur sa proie s'est jeté,
Un aigle majestueux aux reflets noir et feu.
Repartant vers son nid retrouver ses petits
Il ne voit arriver un destin défini.

Fusant à toute vitesse en déchirant les cieux
Un ennemi s'empresse sur notre aigle vertueux.
Un combat sans merci va alors avoir lieu
Sous le regard vitreux du renard malchanceux.

Les becs s'entrechoquent.
Le sang jailli des chocs.
Les serres entrent dans le jeu.
La proie échappe aux deux.

Les ennemis blessés stoppent leur furieux combat
Pour filer en piqué et rattraper la proie.
Associant leur adresse, si fiers de leur vitesse,
Ils accélèrent le pas et dépassent le repas.

Se rapprochant du sol sans penser au danger
Enivrés par leur vol ils foncent dans la vallée.
Cette simple envie de vibrer, ce désir de fierté,
Les menèrent tous deux à une mort assurée.

Aveuglés de puissance, menés par leur seule transe
Ils se prouvèrent l'un l'autre qu'à trop se surpasser
Pour se voir le meilleur n'amène que le malheur,
Que cet instinct primaire n'est que désir surfait.

Une forme étincelante jaillie de cette forêt,
Un oiseau embrasé dans les cieux s'élevait.
Ce fut là la naissance d'un mythe merveilleux,
Un aigle aux ailes de feu vivant de part les cieux.

Colère.

Épargnez vos sarcasmes mêlés de jalousie
Je décide de mes actes ignorant vos mépris.
Si tout votre venin, utilisé en vain,
Était pour vous une force plutôt qu'un pâle déclin
Vous seriez, à mes yeux, un être moins hideux.

Me vouez-vous un culte ? Je suis dans vos pensées,
Continuez vos insultes elles me font exister.
Vous pensez me connaître, tentez de me blesser,
Rappelez-vous à l'avenir que je suis le meilleur
Pour déterrer le pire enseveli sous vos peurs.

Vous vous pensez armés car je vous ai parlé
Faites attention à vous j'ai su vous écouter.
Décelant vos défauts ainsi que vos adresses,
Saisissant vos mérites, je respecte vos faiblesses
Mais valant mieux que vous je ne joue de ce qui blesse.

Sachez que le bon sens adore me satisfaire,
Que nourrir mes principes est pour moi nécessaire.
Cette méchanceté gratuite que vous ne savez taire
Posez-lui des limites ou l'on croisera le fer,
A coups de mots sanglants jaillira ma colère.

Lettre à la Folie.

Folie de joie, folie de vie,
Folie de peine ou ahurie
Tu fus bannie à toutes époques,
Naissant d'excès sans équivoque.
Vivant dans l'ombre de nos nuits
Plus on te fuit, plus tu grandis,
Toutes ces questions que tu nous poses
Prennent forme pour que l'on s'expose.

Voulant briser ton pire ennemi
Qui sans nul doute est notre esprit,
Sans retenue tu testes l'égo
Le seul obstacle à ton créneau.

Une bataille de Titans
Dans chaque cerveau que tu séduis,
Les parsemant de faux-semblants
Par les réponses de tes envies.
Si par malheur tu sors vainqueur
De ce combat rongeant nos cœurs
Le corps ne peut le supporter
Obligeant l'âme à nous quitter.

Ne te fais pas trop d'illusion
L'égo est fort de suspicion,
Si des réponses il trouve ailleurs
C'est alors lui qui te fera peur.

Barrant la route de ton dessein
Il renforcera sa confiance
Car, Ô Furie tu le sais bien
Contre toi maintes sont les défenses.
Nous contrôler t'es très facile
Puis malgré tout tu es utile
Et quand enfin on t'assimile
Tout devient clair et s'illumine.

Si délicieuse peux tu devenir
Quand notre esprit sait te séduire,
Il nous enivre de ton génie
Élevant notre âme de part ta nuit.

Première entente.

Je suis le mal qui coule en vous,
Appelez-moi diable ou bien démon,
Je suis l'essence du dégoût
Nourrissant toutes vos noires visions.

Je vous méprise au plus haut point,
J'absorbe vos âmes par vos déclins
Haïr est simple pauvres humains
Votre laideur n'a aucun frein.
Lorsqu'en excuse vous me citez
Pour expliquer vos faits mesquins
Le libre-arbitre vous oubliez,
Je ne suis seul sur vos chemins.

Prosternez-vous sous mon ampleur
Vous qui adulez la noirceur,
Les misérables qui me combattent
Restent debout fiers de leurs actes.
Délectez-vous de leur malheur
Je vous promets que la rancœur
N'annihilera jamais leur cœur,
Eux seulement trouveront le bonheur.

Tant la misère vous côtoie
Vous préférez choisir ma voie
Attendant que j'abreuve vos égos
Pour anéantir tous vos idéaux.

*Chassez le bon pour le mauvais,
Trouvez la force de détester,
N'écoutez que mes vérités
Et la douleur vous mériterez.*

Confusion.

Saviez-vous que les hommes, si détestables soient-ils,
Sont des êtres dotés de majestueux aspects ?
Ils s'adonnent à l'amour, s'entourent d'amitié
Même si bien trop souvent ils ne savent qu'être vils.

Ils oublièrent bravoure et richesse d'esprit
Reluisant leurs égos de pécheresses fantaisies.
Retrouveront-ils courage, respect et tolérance
Pour calmer cette rage qui conduit la méfiance ?

Offrir confiance aveugle est-il si difficile ?
Pourquoi croire insensés ceux qui veulent partager
Plutôt que se vouer à vivre à jamais
Enfermés dans un monde d'égoïsme inutile ?

Assurez-moi que l'homme n'a que de noirs côtés
Je vous direz alors qu'il dissimule ses plaies,
Pour cacher ses faiblesses il prône méchanceté
Jusqu'à noyer son âme d'une tristesse effrénée.

Plus qu'ouverture d'esprit, partage et abandon
Devraient revenir dans cette ère de déraison.
Accordez vos pardons, écoutez vos raisons
Afin que nos passions dépassent nos démons.

Violence d'esprit.
   -*Trahison.*

Amour tueur.

Il fut un assassin par un passé lointain
Qui abrégea sa vie pour un amour perdu.
Cette lettre fut trouvée, écrite de sa main,
Aux pieds de ce pendu qui ne se supportait plus.

« Vos jugements m'indiffère car j'ai déjà sombré
En tuant par misère la femme que j'adorais.
Je suis loin d'être fier mais j'ai du sacrifier
L'amour né par mystère contre une haine aveuglée.

Le temps passe bien vite quand on se croit aimé
Il ne passe un instant qu'on ne voudrait regretter.
Pourtant ma dulcinée me jouait une comédie
Ne sachant que sans elle je ne voulais de cette vie.

La passion dévorante déchaîna mes démons
Lorsque, exubérante, elle m'avoua les raisons
Pour lesquelles elle partait vers d'autres horizons,
Je ne sus contrôler ma folle déraison.

Mon égo tant flattait n'a su que se gonfler
Au début cela m'aidait puis tout a chaviré,
De folie en furie je me suis consumé
Jusqu'à détruire par les flammes celle qui me tourmentait.

J'abrège ici ma vie me jugeant incapable
De comprendre ce geste méprisable à outrance.
Mon âme fait la promesse de se rendre pardonnable
Aux yeux de sa déesse dans d'autres existences. »

Légende marine:

Connaissez-vous l'histoire de l'homme qui succomba
A l'essence même du mal pour sauver son amour ?
C'était un jeune marin qui en des temps lointains
Vivait un conte de fée jusqu'à ce que des combats
Tant barbares que futiles vinrent noyer son jardin
Du sang d'individus aveuglés de bravoure.
Laisser pour mort sur une plage ensanglantée
Il fut témoin du rapt de celle qu'il adorait.

Filant par tous les temps contre marées et vents
Durant trois longues années écumant l'océan
Il tomba tour à tour les têtes qui se dressaient
Contre son seul projet de trouver son aimée.
Capitaine d'un navire aussi rapide qu'immense
Il menait l'équipage sans peur ni méfiance
En distribuant trépas, ignorant l'au-delà,
Pour finalement devenir le pire des scélérats.

Les légendes nous content que tout pirate craignait
De tomber nez à nez avec ces assassins
Guidés par l'homme mauvais, autrefois bon marin,
Nourrit du désespoir de ne plus retrouver
La femme qui un soir lui fut subtilisée.
Personne n'a jamais su ce qu'elle est devenue
Mais il est bien certain que son amant ardu
Vengea ce bel amour tuant mille âmes en retour.

La muse de l'assassin.

*Sombre perfection nourrit de la désolation
De ceux dont les desseins n'ont coutume que malsain.
Leurs âmes en sacrifice par amour de leurs vices
Cette muse en conscience s'exalte de leur violence.*

*Louant la décadence aveuglée de puissance
Elle détruit le bon sens au gré de l'impudence,
A l'écouter chanter que faiblesse est respect
Ces hommes volent la vie au désir de leur fée.*

*Le meilleur s'y pli quand douleur ressentie
Se mêle à la douce voix de celle qui l'a choisi,
Force est de surmonter le pire de son passé
Refusant d'obéir sans espoir de guérir.*

*A vous qui l'entendrez douleur vous répandrez
Annihilant les cœurs en tuant leurs âmes sœurs
Sachez que de l'amour fleurira leur vengeance
L'obsession du trépas embrumant leur conscience.*

Egoïsme.

Savoir se pardonner est loin d'être facile
Mais trop se détester peut devenir difficile.
Une fierté aveuglée ne fait que nous fermer
A une vie de douceur qui allégerait nos cœurs.

Pourquoi rester sur terre en vivant le calvaire
Alors qu'il est si simple de mettre fin à l'enfer
Maquillant son image afin de rester digne
Face à toutes les souffrances de cette vie indigne ?

Survivant son supplice attendant qu'il sévisse
L'âme se laisse abattre et on cesse de se battre,
Le geste délivrant d'un égo enivrant
Est simple claire-voyance dans une vie d'errance.

Acte inconsidéré dans un moment de faiblesse
Sans penser aux vivants que derrière nous on laisse,
Une mort avancée par une vie sans tendresse
Pour pouvoir évincer cette si grande détresse.

Demandez-vous alors, si l'idée vous traverse,
S'il n'y aurait personne qui pourrait vous aider
Rien qu'à vous écouter livrer vos pires secrets.
Braderez-vous vos vies méprisant ceux qui restent?

Nature assassine.

Ô toi nature en pleure reflétant nos humeurs
Pardonne nous les malheurs que l'on te fait subir.
Par delà toutes tes fleurs, tes arbres et tes senteurs
Entends chanter les cœurs qui hurlent de te détruire.

Ô toi nature souffrante, siège de tant de blessures
Acceptes leurs excuses, comprends que vie est dure,
Ils ne sont pas la cause de ta folle décadence
D'autres hommes plus cupide t'ont noyé de violence.

Ô toi nature immense, crois-moi, fais-moi confiance
Tu reprendra tes droits punissant leurs offenses,
Tu trouveras en toi la force de tes défenses
Et tu leur révèlera toute ta magnificence.

Ô toi nature vengeresse enclin à la détresse
Exploites les faiblesses de tous ceux qui t'agressent
Puisque sans délicatesse ils te brûlent et te blessent.
Rugis belle diablesse. Que ta colère ne cesse.

Trahison.

D'autres l'ont démontré l'homme de raison est doué,
Habile de régression, tuant la réflexion
Il n'a su évoluer dans la bonne direction.
Je dévoile par ces mots sa vile trahison.

L'illusion d'un pouvoir engendré par l'argent
Anéantit son âme, le pousse vers le néant,
Nourrir son égo reste son seul tenant
Détruisant par profit tant d'êtres innocents.

Rien que pour s'enrichir il se tue à mentir
Il sait si bien choisir comment mieux se détruire,
Dans cette jungle urbaine la haine pour se nourrir
Les instincts primitifs ne savent se faire bannir.

Derrière ce faux système il aime à se cacher
Ne cherchant qu'une place dans cette floue société,
Ne respectant rien d'autre que son pâle reflet
Il décime par mépris sa propre humanité.

L'homme est un animal en proie de déraison.
Oubliant l'origine, inhibant les passions
Ce bipède égoïste trahit l'évolution
En troquant le bon sens contre quelques finances.

Les génies et les fous vous parlent de délivrance,
Pleurent de vivre parmi vous fils de décadence.
Ils supportent l'espérance en hurlant vos souffrances
Conscient de vos déficiences ils prônent la tolérance.

Pour conclure, espérons.

J'en ai trop pleuré.

Tu resteras sans doute la plus belle de toute
Et dieu sais mon Amour qu'amoureux j'ai été.
Souvent je fus fasciné par leurs grands yeux dorés
Et chaque fois mon cœur s'en est trouvé brisé.

Aujourd'hui tu es là, avec tes grands yeux bleus
Et même si pour ma part l'étincelle est un feu
On ne peut réellement faire confiance à ce cœur,
Les autres l'ont piétiné pour sauvegarder le leur.

A l'instant Demoiselle, magnifique visage d'ange,
Même si je me surprends à observer tes anches
On ne peut finalement emprunter ce chemin ;
Tu seras ce destin trop grand fut mon chagrin.

Entend bien belle enfant je ne peux le cacher,
Je te ferais pleurer mon cœur est enchainé.
Bravant tous ces échecs il s'est mis à saigner
Et pour ne plus souffrir j'ai due l'emprisonner.

Vers d'un jeune marié.

J'ai vécu dans les pensées de la plus belle des muses,
Et à bien y repenser les souvenirs m'amuse
Car avec elle j'avoue que vaines furent mes ruses.
Saisissant mes pensées elle savait m'apaiser
Jamais je n'oublierais tout ce qu'elle m'apprenait.
Mes démons se taisaient rien qu'à la voir sourire
Quand ma simple folie hurlait pour la séduire,
J'ignorais que l'avenir brulerait de plaisir.

Il ne lui fallut peine pour juste m'éblouir,
Une beauté sans pareil pour le fou que j'étais
Qui devint à jamais seul fruit de mes désirs,
Dotés d'une grâce céleste ses mouvements m'enivraient
J'accompagnais ses gestes la berçant de caresses
Pour ne voir s'envoler cette furie enchanteresse,
Je tentais de montrer mes plus belles adresses
Puisque, je le savais, elle était ma déesse.

Les derniers de ces mots te seront destinés,
Ô toi ma tendre aimée qui protège mon cœur
L'amour en bouclier contre toute torpeur.
Je veux te remercier d'avoir pu supporter
De voir sur mon visage quelques excès de rage,
De m'avoir adoré pour l'être que j'étais.
Je ne saurais te promettre une vie parfaite
Seulement l'éternité pour vivre à tes côtés.

Histoire de vie.

Par la marche décadente d'une tristesse grondante
Il marchait droit devant sous une pluie battante,
Son cœur vibrant si fort il en sentait ses tempes
Et cherchait à comprendre cette souffrance affolante.
Elle courait derrière lui, sa meilleure ennemie
Ce qu'il avait subi elle l'avait vite compris
Il ne pourrait s'en remettre qu'avec réponse complète
Qu'elle saurait lui donner connaissant bien la bête.

Il sentit sur son bras une main l'agripper,
Arrêtant de ce pas cette course effrénée
Il s'en retourna et reconnu la jeune femme.
Il gronda sa détresse, elle expliqua son geste.
Cette nuit sous la pluie semblait n'avoir de fin,
Exprimant ses faiblesses il apaisait ses failles
Face à cette maîtresse qui les avait ouvertes
Par un passé brûlant qu'ils avaient oublié.

Après quelques journées à se revoir, parler,
Ils se rendaient bien compte chacun de leur côté
Qu'ils avaient évolué sans vouloir se l'avouer
De peur de retrouver un passé agité.
Puis les mois ont filé et ils se côtoyaient,
Quatre fois par semaine quand ils s'en contentaient,
Se connaissant par cœur ils se réconfortaient
Jusqu'au jour où, malheur, un baiser fut volé.

Brisant pour un moment cette amitié parfaite,
Profitant de ce fait pour s'exprimer pleinement
L'homme dit à sa déesse qu'il l'aimait tendrement
Comprenant les erreurs de leur première défaite.

Sachant bien, elle aussi, que l'amour n'était mort
Elle reconnue ses torts, lui avoua ses remords
Puis elle comprit alors que cet amant retors
Était l'homme de sa vie, qu'ils se rendaient plus fort.

Il hurlait dans le noir avant cette belle histoire,
Elle buvait certains soirs noyant son désespoir.
Quand du hasard présent a surgi leur passé
L'amour s'est fait comprendre et ils guérirent leurs plaies.

Une fleur nommée Romance:

Au creux d'une montagne majestueuse
Cachée aux yeux des hommes mesquins
Se dresse une fleur voluptueuse
Plantée par l'homme mort de chagrin.
Senteurs pansant tant de blessures
Qui meurtrissent autant de cœurs purs
S'échappent de cette vallée dont la beauté
Rayonne de ses chants enchantés.

N'ayant besoin que d'insouciance
Pour dévoiler son doux parfum,
Elle s'imprègne dans vos consciences
Pour amoindrir vos chagrins.
Une belle odeur de délivrance
Plane à jamais sur vos chemins
Quand un pétale de Romance
Se pose enfin dans vos jardins.

Virevoltent les pétales invisibles aux vivants
Noyant lorsqu'ils s'étalent le malheur simplement
Émane la fraîcheur de nouveaux sentiments,
En un instant l'espoir prend la place du néant.

Enivré.

La vie est faite de rencontres
Tant d'événements que l'on surmonte,
Peu importe ce que l'on vous montre
Tous les chagrins naissent de honte.
Certains les tuent en espérant
Et se mentant un peu chaque soir
Dans leur nuits mortes aucun cauchemars,
Rêves contrefais par trop d'espoir.

Vivre ses rêves est conseillé
Bien qu'à chacun peur est liée
Ce n'est faiblesse d'espérer
Quand la détresse vient tout gâcher.
L'amour enivre l'amitié
Quand de limites on ne sait poser
Alors gardons les pieds sur terre
Les amis restent nécessaires.

Remplace l'amour par l'ennui
Si de faiblesse il te nourrit,
Pourtant si simple alors acquis
Il se complique puis nous détruit.
On ne sait jamais à quel instant
Nos âmes savent se reconnaître
Quand à chacun de ces moments
Nos cœurs nous parient, on croit renaître.

Le portrait.

Dessinons une enfant dont le sang l'a trahit.
Elle se noie dans le noir de sa perte d'espoir
Vivant de grands partages sans autre avantage
Que d'offrir son sourire pour faire taire ses satyres.
A noyer ses délires dans chaque fond de calice
Elle tente d'oublier tant de ces méchancetés
Que lui inflige cette vie lui refusant d'aimer
Et embrumant l'esprit de cette jeune fleur de lys.

Si svelte demoiselle d'où émane belle grâce
Au visage d'une pureté que le malheur efface,
Sachant bien détester un cœur qui de glace
Ne saurait devenir même si douleur l'angoisse.
Veuillez la voir briller d'un sourire rayonnant
Généreuse et enjouée malgré tant de tourments,
Offrez-lui l'amitié dans un rire enchanté
Elle a tant à donner sans vraiment s'apprécier.

Optez pour l'indulgence, faites preuve de patience,
Comprenez que cet ange essaie de ce remettre
D'une vie où l'errance a su naître de tristesse,
Pour retrouver confiance il lui faudra sagesse.

Brisée du fond d'elle-même, si sure de ses défaites
Elle attend que ses rêves viennent la faire renaître.
Souhaitons-lui de s'élever, de guérir de ses plaies,
De pouvoir s'évader de cette vie figée.

Le désir à la fête	2
Miladies	3
Approche	4
Affection	5
Désire-moi	6
Nuit de fête	7
Harcèle-moi	8
Partage	9
De folie douce…	10
Elle	11
Folie toi	13
Nouvel horizon	14
Distance	16
Délivrance	17
Lune	18
Songe ravageur	19
Aveuglé	20
…à folie dure	21
A chasseur courageux cœur défectueux	22

Reste	23
Infidèle	24
Désillusion	25
Dépendances inutiles	26
Le poète amoureux	27
Le goujat raisonnable	29
S'enfuit l'amour...	**30**
Rupture	31
Frangine	32
Miss	33
Point de vue	34
Sorcière	35
Parlons	36
...pour désespoir	**37**
Imperfection	38
Utopie	39
Insomnies	40
Détestable solitude	42
Paranoïa	43

Je reviens plus	44
Appréhension	45
Un espoir dans l'histoire	47
Violence d'esprit ~Confusion	48
Haine	49
La Roukine	50
Mythe de l'aigle orgueilleux	51
Colère	52
Lettre à la folie	53
Première entente	55
Confusion	57
Violence d'esprit ~Trahison	58
Amour tueur	59
Légende marine	60
La muse de l'assassin	61
Égoïsme	62
Nature assassine	63
Trahison	64
Pour conclure, espérons	**65**

J'en ai trop pleuré	66
Vers d'un jeune marié	67
Histoire de vie	68
Une fleur nommée Romance	70
Enivré	71
Le portrait	72

© 2012, Céd'

Edition : BoD - Books on Demand, 12/14 rond-point des Champs Elysées, 75008 Paris
Impression : BoD - Books on Demand, Allemagne
ISBN : 9782810626403
Dépôt légal : novembre 2012